Fliegende Küsse

Lesley Rieland
Illustrated by Mirela Tufan

Fliegende Küsse
Geschrieben von Lesley Rieland
Illustriert von Mirela Tufan
Übersetzt von Anne Riesing

2. Auflage

Alle Rechte vorbehalten, einschließlich des Rechts der vollständigen oder teilweisen Vervielfältigung in jeglicher Form.

Publiziert von Seraph Creative 2024

Für meine Töchter Christina und Katelyn.
Für alle Kinder, damit sie die Liebe Gottes und Gott selbst erkennen,
der uns mit sich versöhnt.
L.R.

Die Nacht steht vor der Tür.
Die Sonne muss gehen.

Komm zur Ruhe, mein Schatz. Lauf nicht weg!

Wenn du dich versteckst,
werde ich dich hier und dort suchen.

Ich werde dich suchen, sowohl oben als auch unten.
Wo ist mein Liebling hin?

Bevor die Sonne ihre letzten Strahlen schenkt,
schicke ich dir einen Gute-Nacht-Kuss.

Ja…wenn ich dich nicht erwischen kann für einen Kuss, schicke ich dir einen fliegenden Kuss, der dich küsst.

In Betten aus Blumen und blauen Bächen,

wird dich mein Kuss in deinen Träumen finden.

In Decken aus Spitze von Schneeflocken gewebt, wird mein Kuss kommen und dein Gesicht wärmen.

Wenn ich dich nicht erwischen kann
für einen Kuss, schicke ich dir einen fliegenden
Kuss, der dich küsst.

Die Wolken mögen dich am Himmel verstecken,
aber du sollst wissen, meine Küsse fliegen.

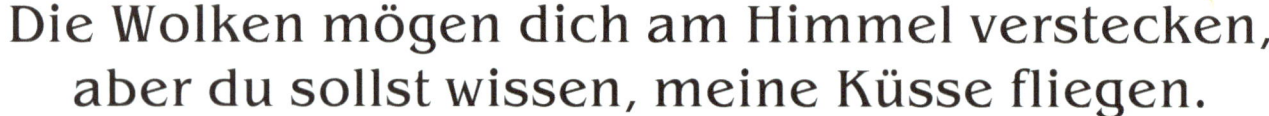

Wenn ich dich nicht erwischen
kann für einen Kuss, schicke ich dir einen
fliegenden Kuss, der dich küsst.

Wenn du in einer gemütlichen
Höhle eingekuschelt bist,

auf sanften Wellen in den Schlaf gewogen wirst

oder auf dem Meeresgrund schläfst,

Jenseits der goldenen Sanddünen,

wird mein Kuss das ganze Land durchstreifen.

Mein Kuss wird Berggipfel erklimmen.
Er reitet auf einem Wind, der immer weht.

Ganz egal wo du dich befindest,
meinen Kuss werde ich aus der
Ferne dorthin schicken.

Zudecken – jetzt bist du zugedeckt.
Das Licht geht aus. Die ganze Nacht
hindurch in deinen Träumen…

schickt dir Jesus seinen Gute – Nacht – Kuss.

Er wird dir einen fliegenden Kuss schicken,
der dich küsst!